PFERDE

Stickerheft

2–3	**Wilde Pferde**	24–25	**Verwandte der Pferde**
4–5	**Ponys**	26–27	**Fohlen**
6–7	**Kaltblüter**	28–29	**Auf dem Reiterhof**
8–9	**Warm- und Vollblüter**	30–31	**Pflege rund ums Pferd**
10–11	**Pferdesport**	32	**Gangarten**
12–13	**Fellfarben**		
14–15	**Abzeichen**		
16–17	**Körpersprache**		
18–19	**Pferde aus aller Welt**		
20–21	**Pferde Europas**		
22–23	**Große Reitervölker**		

Komm mit in die Welt der Pferde!

TESSLOFF

Wilde Pferde

Rund um den Globus leben wilde Pferde in den verschiedensten Lebensräumen. Die Tiere sind oft frei, stammen jedoch von Hauspferden ab. Richtige Wildpferde, die Urform unserer Hauspferde, gibt es heute nicht mehr. So unterschiedlich wilde Pferde auch aussehen, haben sie eines gemeinsam: einen starken Willen.

Namib-Pferd
Wie ihr Name bereits verrät, ist die Heimat dieser Pferde die Wüste Namib im Südwesten Afrikas. Doch sie sind vom Aussterben bedroht: Die Herde besteht nur noch aus knapp 100 Tieren. Man vermutet, dass sie von der Pferderasse Trakehner abstammen. Die zähen Namib-Pferde sind meistens Braune oder Füchse.

Mustang
Diese wilden Pferde stammen von Hauspferden ab, die im 16. Jahrhundert von Siedlern nach Amerika gebracht wurden. Sie sind besonders willensstark und robust: Mustangs können ohne Probleme auch in besonders kargen und trockenen Regionen überleben. Inzwischen leben die meisten von ihnen in Reservaten.

Camargue-Pferd
Die kompakten und wendigen Schimmel leben an der Südküste Frankreichs in Sümpfen und Sandsteppen. Meist leben sie in Herden, manchmal sogar zusammen mit schwarzen Rindern. Camargue-Pferde sind sehr ausdauernd und können sogar unter Wasser fressen!

Przewalski
Die ursprünglichen Przewalski-Pferde ähnelten dem Urpferdchen, sind aber leider ausgestorben. Doch heute leben in der Mongolei wieder sehr ähnliche Tiere, die durch Züchtungen in Zoos und Wildparks entstanden sind. Die Falben haben einen Aalstrich auf dem Rücken sowie eine dunkle Stehmähne. Sie werden auch Mongolische Wildpferde genannt.

Namib-Pferd

Namib-Wüste

Konik
Durch Wildzeichnungen wie dem Aalstrich sehen Koniks noch den osteuropäischen Wildpferden ähnlich. In ihrer polnischen Heimat leben die Ponys in Naturschutzgebieten. Die freiheitsliebende Rasse kommt nur selten als Reitpferd zum Einsatz.

Shetland-Pony
Die halbwilden Ponys zählen zu den kleinsten Pferderassen überhaupt. Ihre Heimat sind die Shetlandinseln nördlich von Großbritannien. Man vermutet, dass sie von den eiszeitlichen Wald- und Tundrenponys abstammen. Früher waren sie hauptsächlich Arbeitstiere, heute sind die intelligenten Ponys vor allem bei Kindern beliebt.

➜ Schon gewusst?
Inwischen werden Shettys, so werden Shetland-Ponys liebevoll bezeichnet, weltweit gezüchtet. In ihrer Heimat leben sie jedoch immer noch weitgehend frei. Sie ernähren sich dort von kargen Wiesen. Sind diese abgegrast, führt man die Leitstute an einem Halfter zur nächsten Insel. Die restlichen Ponys der Herde schwimmen ihr dann einfach nach. Ganz schön praktisch, oder?

Brumby
Die scheuen Pferde mit den kurzen Beinen leben im australischen Busch. Von den Engländern wurden sie um 1790 nach Australien gebracht und verwilderten im Laufe der Zeit. Wie alle wilden Pferde gelten sie wegen ihres schwierigen Temperaments als schwer zähmbar.

Benutzung des Buches

Dein Stickerheft
Lerne die Welt der Pferde kennen! Auf den drei Stickerbogen findest du viele verschiedene Pferde und Ponys nach Seitenzahlen geordnet, die du auf die jeweiligen weißen Flächen in diesem Heft kleben kannst. Alle Sticker sind wiederablösbar. Viel Spaß beim Stickern und Entdecken!

Spannende Infos und Fakten zu Pferden

Viele Pferde und Ponys zum Stickern

Islandpferd
Die Ponys mit dem dichten und wuscheligen Langhaar stammen von Pferden ab, die von den Wikingern nach Island gebracht wurden. Sie gelten als besonders robust, beherrschen die Gangart Tölt und manchmal sogar Pass. Islandpferde leben in ihrer Heimat den Sommer über komplett frei und werden erst im Herbst zu den Höfen zurückgebracht.

Ponys

Kleine Pferde sind allgemein als Ponys bekannt. Genauer gesagt: Alle Pferde, die kleiner als 148 Zentimeter sind, bezeichnet man als Ponys. In manchen Ländern zählen aber auch größere Rassen mit bis zu etwa 152 Zentimetern zu dieser Gruppe. Durch ihre Größe eignen sich Ponys gut als Reitpferde für Kinder und Jugendliche.

Welsh Pony
Schon seit der Zeit der Kelten leben die Welsh Ponys in den Waliser Hügeln in England. Die temperamentvollen Ponys können besonders gut springen und traben. Die Rasse gibt es in vier verschiedenen Größen – hier ist also für jeden etwas dabei!

Tinker
Die freundlichen Ponys sind meist Schecken mit großflächigen Flecken auf dem Fell. Typisch sind auch ihre üppige Mähne und die langen Haare an den Beinen, die Behang genannt werden. Sie mögen es eher gemütlich und sind nicht so leicht aus der Ruhe zu bringen. Der Tinker ist oft etwas breiter gebaut und hat für ein Pony viel Kraft. Diese vielseitig einsetzbaren Tiere aus Irland und Nordengland könnten zur Not sogar ganz alleine einen Wagen ziehen!

Mini-Shetlandpony
Diese Rasse wird nur bis zu 87 Zentimeter groß und ist eine kleinere Züchtung des Shetland-Ponys. Früher wurden die fleißigen Tiere unter anderem im Bergbau eingesetzt. Heute sind sie als Reitpferd für Kinder oder als Kutschpferd beliebt. Und sie sind stärker, als sie aussehen: Sie können das Anderthalbfache ihres eigenen Gewichts ziehen!

Dales Pony
Die engen Verwandten der Fell Ponys sind meist Rappen oder Dunkelbraune. Die starken Tiere können schwere Gewichte ziehen und teilweise sogar von Erwachsenen geritten werden! Dales Ponys haben oft langes, gewelltes Haar und sind auch im unwegsamen Gelände trittsicher.

Fjordpferd
Die Falben mit der schwarz-weißen Mähne gelten als eine der ältesten Pferderassen Europas. Man vermutet, dass die genügsamen Pferde Nachkommen des Tundraponys aus der Eiszeit sind. Wegen ihrer Heimat werden sie auch Norweger genannt. Durch ihr oft zu einer Stehmähne gekürztes Langhaar und den dunklen Aalstrich auf ihrem Rücken sehen sie den Przewalski ähnlich.

American Miniature Horse
Das Miniaturpferd aus den USA wird nur etwa 87 Zentimeter hoch. Diese Größe sieht man den Tieren auf Bildern jedoch meist nicht an, da ihre Proportionen denen eines Großpferdes gleichen. Der elegante Kopf des American Miniature Horse erinnert mit den großen Augen und der vorgewölbten Stirn oft an orientalische Pferde.

Connemara
Die ursprünglichen Gebirgspferde sind heute beliebte Reitponys – sowohl für Kinder als auch für leichte Erwachsene. Ihren Namen haben die ruhigen und zuverlässigen Tiere von der Region Connemara an der Küste Westirlands. Durch das teils schwierige Gelände ihrer Heimat haben die sportlichen Ponys ein besonders ausgeprägtes Talent zum Springen.

Dartmoor Pony
Seinen Namen verdankt das Pony dem gleichnamigen Wald im Südwesten Englands, aus dessen Moor- und Heidegebieten es stammt. Es ist besonders robust sowie freundlich und daher gut als Reitpferd geeignet. Noch heute lernen die Kinder des britischen Königshauses auf Dartmoor Ponys reiten.

Fell Pony
Die mittelgroßen, äußerst robusten Bergponys sind fast ausschließlich Rappen. Nur selten sieht man Braune oder wie hier Schimmel unter ihnen. Die Ponys besitzen eine besonders ruhige Art. Fell Ponys haben wunderschönes dichtes und oft gewelltes Langhaar. Außerdem sind die starken Tiere wahre Alleskönner!

Falabella
Die kleinste Pferderasse der Welt wird nur höchstens 75 Zentimer groß! Falabellas sind schlank und haben sehr zierliche Beine. Geritten werden können sie eher nicht, dafür ziehen sie manchmal kleine Kutschen oder Schlitten. In den USA werden manche der intelligenten Ponys auch zum Blinden-Führpferd ausgebildet.

→ **Rekord**
30,4 cm
soll das kleinste Falabella der Welt gerade einmal groß gewesen sein.

Kaltblüter

Die Bezeichnung Kaltblüter bezieht sich keineswegs auf die Körpertemperatur der Pferde. Vielmehr möchte man damit ihre ruhige und gelassene Art ausdrücken. Die kräftigen Tiere wurden früher meist als Arbeitspferde eingesetzt. Heute werden die immer seltener werdenden Kaltblüter meist als Freizeitpferde genutzt – denn auch dafür sind sie gut geeignet!

Shire Horse
Die größte Pferderasse der Welt fällt durch ihre ungewöhnlich langen Beine und ihre elegante Erscheinung auf. Weitere Merkmale sind der lange, seidige Fesselbehang und die oft weißen Beine. Aufgrund ihrer gutmütigen Art nennt man sie auch sanfte Riesen.

Ardenner
Der massige Ardenner ist der Nachkomme eines Steinzeitpferdes und fällt durch seine bemerkenswerte Ausdauer auf. Die kräftigen Zugpferde wurden daher oft im Krieg eingesetzt. Ardenner sind freundlich und für Kaltblüter recht lebhaft.

Noriker
Der Noriker, auch Pinzgauer genannt, stammt aus Österreich. Oftmals sind die Pferde braun oder fuchsfarben, es kommen aber alle Farben und sogar Tigerschecken vor. Noriker gibt es in fünf verschiedenen Züchtungen, die sich in Körperbau und Farbe unterscheiden.

Süddeutsches Kaltblut
Das aus Bayern stammende Kaltblut wird gerne als Freizeit- und Kutschpferd genutzt. Zum größten Teil besteht die Rasse aus Füchsen oder Braunen. Süddeutsche Kaltblüter sind eng mit den Norikern verwandt, allerdings etwas größer.

Dölepferd
Die norwegische Pferderasse ist für ein Kaltblut eher klein. Dölepferde sind sehr lebhaft und werden auch bei Trabrennen eingesetzt. Außerdem sehen sie sehr hübsch aus mit ihrer langen Mähne, die oft gewellt ist.

Jütländer
Die Pferde dieser intelligenten Kaltblutrasse wurden nach der dänischen Halbinsel Jütland benannt. Sie sind oft Füchse und haben helles Langhaar – dadurch wirken sie wie schwere Haflinger. Die fleißigen Jütländer ziehen auch heute noch oft Kutschen.

Clydesdale
Durch das viele Weiß an Kopf und Beinen sieht das meist braune Clydesdale aus wie der kleine Bruder des Shire Horse. Die leistungsstarken Kaltblüter mit dem Fesselbehang waren früher die Arbeitspferde der schottischen Bauern – heute sieht man sie nur noch selten.

Rheinisches Kaltblut
Das Rheinische Kaltblut entstand in der Mitte des 19. Jahrhunderts und kommt in vielen verschiedenen Farben vor. Auch wenn es heute vom Aussterben bedroht ist: Vor dem Zweiten Weltkrieg war es die am weitesten verbreitete Kaltblutrasse in Deutschland!

Warm- und Vollblüter

Reine Vollblutpferde gelten als die edelsten aller Pferde. Sie sind temperamentvoll und prächtig anzusehen. Im Laufe der Zeit hat man immer wieder Vollblutpferde in die Rassen der schweren Arbeitspferde eingekreuzt – so entstanden die Warmblutpferde. Sie sind heute die perfekten Sportpferde: elegant, intelligent und nervenstark!

Araber
Die edlen Vollblüter stammen ursprünglich aus der Wüste. Sie lieben die Weite und brauchen viel Bewegung. Lange Reitstrecken von bis zu 160 Kilometern am Tag sind für die Ausdauerpferde kein Problem.

Hannoveraner
Die deutschen Warmblüter sind erfolgreiche Sportpferde. Sie lassen sich gut reiten und haben viel Kraft und Energie – ob im Springreiten, bei der Dressur oder beim Herumtollen auf der Koppel.

Englisches Vollblut
Sie sind schnell wie der Wind und die absoluten Spezialisten für Galopprennen. Die anmutigen Pferde sind meist Braune oder Füchse. Und der Name eines Englischen Vollbluts darf innerhalb der Rasse nur ein einziges Mal verwendet werden!

Westfale
Westfalen sind starke Warmblutpferde. Sie ähneln den Hannoveranern, sind aber manchmal sogar noch etwas größer und kräftiger. Im Pferdesport sind sie sehr beliebt.

Appaloosa
Die meisten Appaloosas sind Tigerschecken oder haben zumindest ein gescheckes Hinterteil. Das macht sie unverwechselbar! Die trittsicheren und freundlichen Pferde eignen sich gut zum Westernreiten.

Trakehner
Durch den hohen Vollblutanteil wirken Trakehner besonders edel und anmutig. Sie haben feine Gesichter, in denen die Adern unter der Haut gut zu sehen sind – wie dieser Trakehner mit der schönen weißen Blesse und der kunstvoll geflochtenen Mähne.

Friese
Bei den temperamentvollen Friesen ist die Fellfarbe eindeutig: Sie sind immer Rappen mit glänzendem schwarzem Fell. Dazu kommen noch die lange, gewellte Mähne und der dichte Fesselbehang über den Hufen – eine beeindruckende Erscheinung!

Deutscher Traber
Wie der Name vermuten lässt, werden Deutsche Traber oft für Trabrennen eingesetzt. Doch sie können nicht nur traben, sondern sind auch stark im Galopp und beherrschen manchmal sogar den Tölt.

Lusitano
Die feurigen Lusitanos stammen aus Portugal und wurden dort sogar bei Stierkämpfen eingesetzt. Dafür muss ein Pferd intelligent und sehr wendig sein. Und das ist ein Lusitano!

Lipizzaner
Die edlen Lipizzaner sind meistens Schimmel. Ursprünglich stammen sie aus Slowenien. Berühmt wurden sie aber vor allem durch ihre Vorführungen in der Spanischen Hofreitschule in Wien.

Finnpferd
Oft fuchsfarbenes Fell und eine lange, blonde Mähne: ein Finnpferd! Die aus Finnland stammenden Pferde waren ursprünglich kräftige Arbeitspferde. Inzwischen werden sie häufig als Reitpferde eingesetzt und eignen sich sehr gut als Fahrpferde.

Quarter Horse
Die starken Westernpferde sind echte Kraftpakete! Ursprünglich stammen Quarter Horses aus Nordamerika. Dort halfen die muskulösen Pferde mit der kräftigen Hinterhand den Rinderhirten bei ihrer Arbeit.

➡ Schon gewusst?
Ein Fleckchen hier, ein Fleckchen da. Jeder Knabstrupper hat ein einzigartiges Fellmuster, das es so nur ein einziges Mal auf der Welt gibt.

Pferdesport

Viele Reiter wollen mit ihrem Pferd an einem Turnier teilnehmen. Dabei gibt es verschiedene Arten von Wettbewerben. Einige davon kann man sogar bei den Olympischen Spielen sehen. Beim Pferdesport geht es meist darum, die jeweilige Disziplin möglichst fehlerfrei durchzuführen. Manchmal ist aber auch Schnelligkeit wichtig. Für beides brauchen Pferd und Reiter viel Übung und vor allem Vertrauen zueinander.

Dressurreiten

Hier geht es vor allem um die Eleganz des Pferdes und wie sauber es die Schritte ausführt. Bei Turnieren müssen verschiedene Lektionen vorgeführt werden, meist zu Musik. Manche Dressurlektionen zeigen das natürliche Imponierverhalten der Pferde und sind eine gute Gymnastik für die Tiere. Pferd und Reiter müssen außerdem gepflegt und ordentlich aussehen – sonst werden bei der Bewertung schon mal Punkte abgezogen.

Springreiten

Bei dieser Pferdesportart geht es gleichzeitig um Schnelligkeit und Genauigkeit. Es müssen unterschiedliche Hindernisse überwunden werden, die ganz schön hoch sein können – nämlich bis zu 1,60 Meter! Auf großen Turnieren müssen bis zu zehn Sprünge in einem Durchlauf ausgeführt werden. Dabei gewinnt, wer die Hindernisse am schnellsten fehlerfrei gemeistert hat.

Voltigieren

Beim Voltigieren wird das Pferd von einem Longenführer von der Mitte aus mit einer Art Seil gelenkt, der Longe. Währenddessen turnen eine oder mehrere Personen auf dem Rücken des Pferdes. Angefangen wird im Schritt, doch bei Geübten galoppiert das Pferd dann sogar. Voltigieren eignet sich gut für den Einstieg in den Reitsport, da schon kleine Kinder mit einfachen Turnübungen auf dem Pferd beginnen können. Etwas mutig muss man aber schon sein!

Angeberwissen

▶ Es gibt auch die sogenannten Distanzritte, bei denen vor allem Arabische Vollblüter glänzen. Bei dieser Disziplin muss das Pferd auf Strecken von bis zu 160 Kilometern schnell und topfit sein!

▶ Bei Distanzritten wird die Gesundheit der Tiere vor dem Start, zwischendurch und sogar noch nach dem Ziel von Tierärzten überwacht.

Pferderennen

Speziell gezüchtete Rennpferde treten bei Trab- und Galopprennen gegeneinander an. Trabrennen werden oft mit einem angehängten Wagen, dem Sulky, durchgeführt. Beim Galopprennen sind die Vollblüter die großen Stars. Oft werden vorher Wetten abgeschlossen, bei denen Zuschauer Geld auf das schnellste Pferd setzen können.

➜ Schon gewusst?

Im Pferdesport zeigen die Tiere Höchstleistungen und die Verletzungsgefahr ist sehr hoch. Daher sollte die Gesundheit unserer geliebten Vierbeiner immer an vorderster Stelle stehen!

Unglaublich!

Auf kurzen Strecken sind die Englischen Vollblüter die schnellsten Pferde der Welt! Sie können eine Geschwindigkeit von bis zu 65 Stundenkilometern erreichen.

Polo

Bei dieser rasanten Teamsportart spielen vier Reiter in einer Mannschaft. Ziel ist es, den kleinen Ball mit einem langen Holzstab vom Pferd aus in das Tor des gegnerischen Teams zu schlagen. Die Pferde müssen nach jedem der vier Spielabschnitte, den Chukkas, ausgewechselt werden – sonst ist die Belastung für die Tiere zu hoch.

Vielseitigkeit

Die Vielseitigkeit fordert vor allem ein gutes Zusammenspiel zwischen Pferd und Reiter und kombiniert drei Disziplinen. Der Wettbewerb beginnt mit der Dressur, der Hauptteil ist ein Geländeritt mit möglichst natürlichen Hindernissen wie Hecken oder Gräben. Am Ende folgt noch ein Parcoursspringen. Sieger ist, wer zum Schluss die wenigsten Strafpunkte hat, die bei jeder Disziplin vergeben werden.

Westernreiten

Bei dieser Disziplin aus den USA sind die Pferde darauf trainiert, möglichst eigenständig zu arbeiten und auf kleinste Anweisungen des Reiters zu reagieren. Neben spektakulären Drehungen und Stopps werden auch besonders angenehme Gangarten gezeigt, die sich für weite Strecken und das Leben der Cowboys eignen.

Fellfarben

Pferde haben viele verschiedene Fellfarben. Interessant ist, dass die Haut unter dem Fell bei den meisten Pferden dunkel ist. Lediglich bei Abzeichen an Kopf und Fuß ist die Haut rosafarben. Pferde, deren Haut am ganzen Körper hell ist, werden Albinos genannt. Ähnlich wie bei uns Menschen können sich auch die Haarfarben bei Pferden mit zunehmendem Alter verändern. So können beispielsweise dunkle Pferde immer heller werden.

Palomino
Palominos haben ein rötliches Fell, das aber relativ hell ist und in der Sonne oft herrlich goldgelb schimmert. Ihr Langhaar ist hellblond bis weiß. Hufe, Haut und Augen sind meist dunkler als die Fellfarbe. Noch heller als Palominos sind Isabellen, deren Langhaar und Fell cremefarben ist.

Curly Horse
Bei diesen besonderen Pferden geht es weniger um die Fellfarbe als um die Haarstruktur: Curly Horses haben nämlich lockiges Fell! Sie entstanden aus der Kreuzung verschiedener Rassen, unter anderem Mustangs. Deshalb haben die unterschiedlichen Pferde dieser Rasse bis auf die Haarlocken nur wenig Gemeinsamkeiten. Außerdem gibt es gute Nachrichten für Pferdehaar-Allergiker: Bei Curly Horses haben sie meist keine Probleme.

Rappe
Egal ob Fell, Mähne, Schopf oder Schweif: Rappen sind bis auf Ausnahmen wie eine Blesse oder ein weißer Fuß komplett schwarz. In manchen Rassen gibt es nur Rappen, wie zum Beispiel bei den eindrucksvollen Friesen.

Fuchs
Füchse haben rotbraunes Fell und Langhaar, wobei der rote Farbton unterschiedlich stark ausgeprägt sein kann. Mähne und Schweif können manchmal heller sein; ein Beispiel dafür sind die Haflinger, die trotz ihres hellen Langhaares zu den Füchsen zählen. Wie bei Rappen müssen zwei Füchse gepaart werden, damit ein fuchsfarbenes Fohlen geboren wird.

Blue Roan
Blue Roans haben dunkle Haut und dunkles Langhaar – dadurch wirkt das weiße Fell grau bis blau. An Kopf, Beinen und an einzelnen Stellen ist die dunklere Farbe aber noch zu erkennen. Wie Schimmel werden sie meist dunkel geboren und nach ein paar Jahren immer heller. Selten werden Blue Roans schon weiß geboren.

Schecke
Auf dem Fell eines Schecken findet man Flecken, die alle unterschiedlich groß und geformt sind – hier sieht keiner aus wie der andere! Auch bei den Farben gibt es viele Möglichkeiten: Bis zu drei Farben können sich über das Pferdefell ziehen. In vielen Rassen sind Schecken unerwünscht. Einige Rassen bestehen aber überwiegend nur aus Schecken, wie zum Beispiel der Tinker.

Tiger
Im Gegensatz zu den meisten Schecken haben Tigerschecken keine weißen, sondern dunkle und kleinere Flecken auf ihrem hellen Fell. Diese besondere Fellzeichnung erinnert an die Musterung eines Leoparden. Pferderassen wie Appaloosas sind bekannt für ihre vielen Tigerschecken.

Falbe
Pferde dieser Fellfarbe sind oft beige bis hellbraun mit einem Gelb- oder Rotstich. Falben haben schwarzes oder zweifarbiges Langhaar und einen dunklen Aalstrich, der sich vom Widerrist bis zum Schweifansatz zieht. Auch Zebrastreifen an den Beinen sind nicht selten.

➡ Schon gewusst?
Schimmel werden nicht mit weißen Haaren geboren. Als Fohlen mit dunklerem Fell, werden sie in ihren ersten Lebensjahren immer heller. Man sagt auch: Ein Pferd schimmelt aus.

Brauner
Wie der Name schon sagt, ist ein Brauner ein Pferd mit braunem Fell. Mähne und Schweif dagegen sind schwarz – genauso wie oft ihre Beine. Das Fell kann aber ganz unterschiedlich braun sein: Es gibt hellbraune, braune, dunkelbraune und auch schwarzbraune Pferde.

Schimmel
Mähne und Schweif sind genauso weiß wie das Fell der reinen Schimmel. Besonders bekannte Schimmel sind die Lipizzaner. Es gibt verschiedene Ausprägungen dieser Fellfarbe, denn die Pferde sind häufig nicht nur weiß. Fliegenschimmel zum Beispiel haben kleine, dunkle Punkte und Apfelschimmel größere, dunkle Flecken auf ihrem Fell.

Abzeichen

Die weißen Flecken an Kopf und Beinen eines Pferdes nennt man Abzeichen. Diese können in ihrer Form und Größe sehr unterschiedlich sein. Sie sind ein wichtiges Erkennungsmerkmal der Tiere. Und es gibt sie nicht nur in Weiß: Beim Kupfermaul etwa, das häufig bei Braunen auftritt, ist das Maul etwas heller als der Rest des Körpers.

Schnippe
Die Schnippe ist ein weißer Fleck zwischen den Nüstern, also den Nasenlöchern des Pferdes. Dieses Abzeichen kann auch zusammen mit einem anderen auftreten, wie beispielsweise einer Flocke oder wie bei diesem Pferd mit einem Stern auf der Stirn.

Flocke
Einen sehr kleinen weißen Fleck auf der Stirn des Pferdes nennt man Flocke. Diese kann auch in Kombination mit einer Schnippe auftreten, die sich über dem Maul zwischen den Nüstern befindet.

Weißer Fuß
Bei einem weißen Fuß ist der komplette Fuß weiß gefärbt. Bei diesem Abzeichen geht die weiße Haarfärbung über die Fessel hinaus und endet ein gutes Stück unterhalb des Vorderfußwurzelgelenks. Dieses Gelenk ist bei Pferden sozusagen das Handgelenk.

Hochweißer Fuß
Hat ein Pferd einen hochweißen Fuß, reicht das weiße Fell höher als der Fuß selbst und mindestens bis zum mittleren Gelenk, dem sogenannten Vorderfußwurzelgelenk. Das wirkt dann so, als würde das Pferd Stiefel tragen.

Weiße Fessel
Die Fessel ist das Gelenk, das sich etwas oberhalb des Hufes befindet. Wenn beim Pferd der Bereich ab dem Fesselgelenk bis hinunter zum Huf mit weißem Fell bedeckt ist, spricht man von einer weißen Fessel.

Strich
Dieses Abzeichen sieht aus wie ein dünner, weißer Streifen auf dem Nasenrücken des Pferdes. In manchen Fällen reicht der Strich sogar hinauf bis zur Stirn. Dieses weiße Abzeichen wird allerdings nur als Strich bezeichnet, wenn der weiße Streifen wirklich sehr schmal ist.

Blesse
Bei der Blesse gibt es verschiedene Ausprägungen. Eine schmale Blesse ist nur etwas breiter als ein Strich. Wenn ein Abzeichen nur als Blesse bezeichnet wird, ist der weiße Streifen in etwa so breit wie der Nasenrücken des Pferdes. Bei einer unregelmäßigen Blesse, wie bei diesem Pferd, ist der weiße Streifen im Gesicht unregelmäßig geformt und an manchen Stellen breiter oder schmaler als der Rest des Abzeichens.

Laterne
Diese Gesichtszeichnung ist die breiteste Art der Blesse. Bei einer Laterne ist der weiße Streifen deutlich breiter als der Nasenrücken. Er bedeckt fast die komplette Stirn und kann sogar über eines der Augen reichen. In diesem Fall ist das umschlossene Auge oft blau.

Keilstern
Die Form dieses Abzeichens kann man auf zwei verschiedene Arten beschreiben. Zum einen kann ein Keilstern eine sehr schmale Blesse sein, die mit einem weißen Fleck auf der Stirn beginnt – zum anderen ein Stern, der nach unten hin spitz zuläuft.

Stern
Ein Stern ist ein weißer Fleck auf der Stirn des Pferdes. Dieses Abzeichen muss sich nicht immer in der Mitte der Stirn befinden, darf sich aber nicht bis zum Nasenrücken ziehen. Es kann in Kombination mit einer Schnippe auftreten.

Körpersprache

Auch wenn Pferde sich nicht mit Worten verständigen können, können sie durch ihre Körpersprache zeigen, wie sie sich fühlen und was sie ihrem Gegenüber sagen wollen. Dabei verwenden sie eindeutige Zeichen. Um diese zu verstehen, sollte man vor allem auf die Ohren, die Augen, die Nüstern und den Schweif achten.

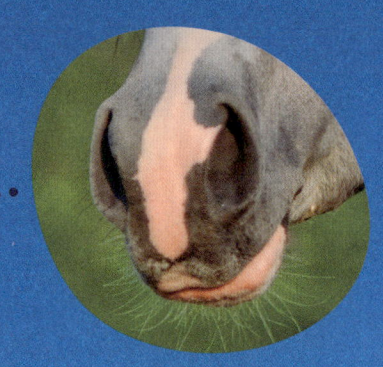

Angst
Wenn ein Pferd Angst hat, stellt es die Ohren anfangs ganz auf – bei starker Angst legt es sie jedoch flach an den Kopf. Es weitet die Nüstern und schnaubt oder prustet manchmal. Die Augen sind so weit geöffnet, dass das weiß des Augapfels zu erkennen ist. Den Kopf hält es sehr hoch. Ein ängstliches Pferd ist jederzeit bereit zu fliehen.

Aufmerksamkeit
Ein aufmerksames Pferd zeichnet sich durch nach vorne gerichtete Ohren und einen gehobenen Kopf aus. Sogar wenn es gerade döst oder frisst, lässt es seine Umgebung nie ganz aus den Augen. Denn Pferde sind Fluchttiere und es liegt ihnen sozusagen im Blut, bei einer möglichen Gefahr lieber schnell das Weite zu suchen.

Flehmen
Wenn es etwas Interessantes riecht, flehmt ein Pferd: Es klappt die Oberlippe hoch und leitet den Geruch so an das Jacobsonsche Organ in der Nase weiter. Dieses hilft dabei herauszufinden, um was es sich bei einem Geruch handelt. Manchmal flehmen Pferde auch bei Schmerzen.

Was riecht denn hier so interessant?

→ Nüstern

Drohen und Kämpfen
Mit eng an den Kopf gelegten Ohren und nach vorne gestrecktem Hals will ein Pferd sagen: Komm mir nicht zu nahe! Wenn es trotz Warnung zu einem Kampf kommt, werfen Pferde ihren Kopf schnell nach oben und versuchen, ihren Gegner zu beißen oder zu treten.

▲ Seite 2-3

▼ Seite 4-5

▼ Seite 6-7

▲ Seite 12-13   ▼ Seite 14-15   ▼ Seite 16-17

▲ Seite 22-23
▼ Seite 24-25
▼ Seite 26-27
▼ Seite 28-29

▲ Seite 28-29   ▼ Seite 30-31   ▼ Seite 32

▲ Seite 16-17
▲ Seite 18-19
▼ Seite 20-21

▲ Seite 6-7

▲ Seite 8-9

▼ Seite 10-11

Müdigkeit
Ein Pferd kann praktischerweise auch gut im Stehen dösen. Dabei stellt es meist ein Hinterbein auf. Richtig tief schlafen Pferde nur im Liegen – und das auch nur drei bis fünf Stunden am Tag. Fohlen dagegen brauchen mehr Schlaf.

Freundschaft
Wenn Pferde sich mögen, beknabbern sie sich und pflegen sich so gegenseitig das Fell. Echte Freunde kraulen auch den Hals oder Rücken ihrer Kameraden – das tut gut und ist dann wie eine Massage für das andere Tier!

Langeweile
Auch wenn Nichtstun ab und zu mal ganz guttut, können sich Pferde genau wie wir Menschen langweilen. Bei Langeweile schlagen Pferde zum Beispiel unwirsch mit ihrem Schweif. Ein Pferd muss sich ausreichend bewegen und gefordert werden, um wirklich glücklich zu sein.

Entspannung
Wenn ein Pferd sich richtig wohl und sicher fühlt, merkt man das an seiner gelassenen Haltung. In diesem Fall ist der Kopf entspannt gesenkt und die Oberlippe hängt oft schlaff herunter. Es trottet eher gemächlich umher oder hat im Stehen ein Hinterbein aufgestellt. Die Augen sind oft nur halb offen.

Anspannung
Anspannung ist eine Vorstufe von Angst. Ist ein Pferd angespannt, hält es seinen Kopf hoch erhoben. Die Augen sind weit geöffnet, um Gefahren schnell zu erkennen. Manchmal ist das Maul etwas verkniffen. Ein angespanntes Pferd läuft nervös auf und ab und hebt den Schweif.

Pferde aus aller Welt

Auf der ganzen Erde verteilt leben viele verschiedene Arten von Pferden und Ponys, die perfekt an ihren jeweiligen Lebensraum angepasst sind. Jede Rasse hat ihre ganz eigenen Stärken sowie äußerliche Besonderheiten. Das Leben von Mensch und Pferd ist in bestimmten Regionen teilweise dicht miteinander verknüpft.

Atlantischer Ozean

NORDAMERIKA

SÜDAMERIKA

Pazifischer Ozean

1 Mustang
Es gilt als das wilde Pferd schlechthin und lebt im Westen der USA. Das schwer zähmbare Pferd wurde wegen seiner Beliebtheit bei den Reitervölkern zum Nationalpferd der Amerikaner.

2 Rocky Mountain Horse
Die Pferde dieser noch recht jungen Rasse aus Kentucky in den USA gibt es häufig als Schokoladenbraune mit hellem Langhaar. Sie können tölten und sind daher angenehm zu reiten.

3 Criollo
Die wendigen Pferde kamen im 16. und 17. Jahrhundert mit den spanischen Eroberern nach Südamerika. Dort werden Criollos hauptsächlich für die Rancharbeit genutzt, wofür ihnen oft Mähne und Schweif gekürzt werden.

4 Paso Fino
Paso Finos sind sportliche Pferde und können ihre Reiter tagelang durch Gebirge oder Dschungel transportieren. Ihren Namen verdanken sie ihrer angenehmen Gangart. »Los Caballos de Paso Fino« heißt auf Deutsch: die Pferde mit dem feinen Gang.

5 Berber
Die Pferde aus Nordafrika verdanken ihren Namen dem gleichnamigen Reitervolk, das ebenfalls dort lebt. Die Pferderasse gilt als eine der ältesten der Welt und wird oft mit Arabern gekreuzt.

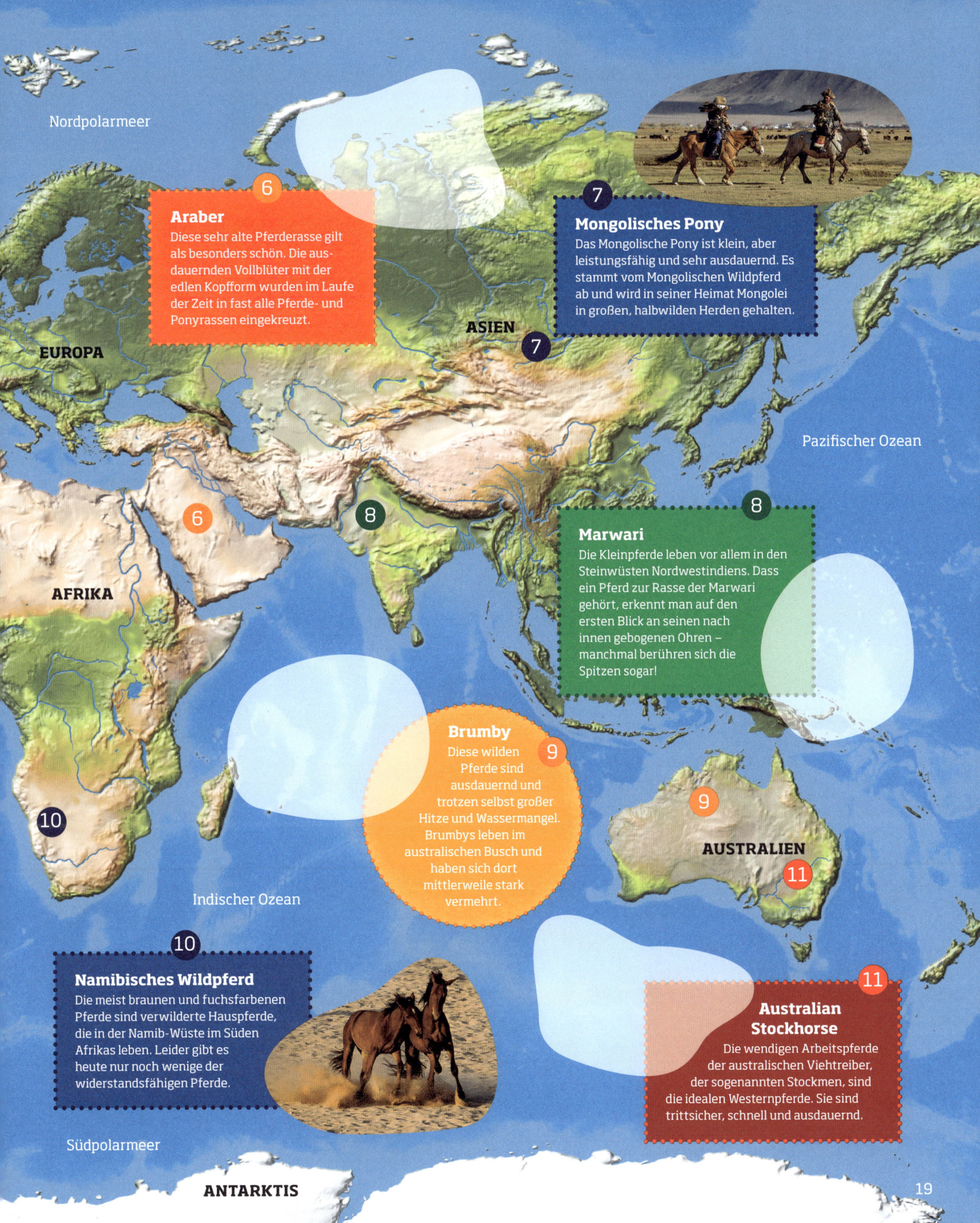

Pferde Europas

Ob auf Island hoch oben im Norden oder im sonnigen Spanien: Auch in Europa haben sich im Laufe der Zeit die unterschiedlichsten Pferde und Ponys entwickelt und an die jeweiligen Verhältnisse angepasst. Sie leben teilweise noch halbwild in Herden oder werden aufgrund ihrer Stärken gezielt vom Menschen gezüchtet.

1 Islandpferd
Die flinken Ponys trotzen der Kälte ihrer Heimat mit viel Langhaar und dichtem Fell. Auf Island streifen sie den Sommer über frei und immer auf der Suche nach dem besten Futterplatz über die Ebenen.

2 Exmoor Pony
In ihrer Heimat England leben die oft eigenwilligen Ponys teilweise noch in wilden Herden. Exmoor Ponys sind klein und kräftig. Sie kommen auch mit viel Regen und wenig Futter gut zurecht.

3 Dülmener Wildpferd
Diese wilden Pferde sind Falben und leben bei der Stadt Dülmen im Westen Deutschlands. Sie haben nur wenig direkten Kontakt mit Menschen. Auf dem Rücken haben sie oft einen dunklen Aalstrich.

Gotland Pony [4]
Auf der schwedischen Insel Gotland lebt es noch in halbwilden Herden. Das Gotland Pony braucht nicht viel und ist sehr robust. Die sanftmütigen Ponys sind vor allem bei Kindern beliebt. In Schweden gibt es sogar Trabrennen nur für diese Pferderasse.

Asturcon [5]
Die trittsicheren und nervenstarken Ponys waren im Mittelalter weit verbreitet. Die nur als Rappen, Dunkelbraune und Füchse vorkommenden Pferde leben halbwild in den Bergen von Asturien in Nordspanien.

Schleswiger [6]
Die Schleswiger Kaltblutpferde entstanden erst im 19. Jahrhundert in Schleswig-Holstein. Einst waren die kräftigen Füchse mit der hellen Mähne in der Landwirtschaft unverzichtbar – heute gibt es nur noch sehr wenige von ihnen.

Andalusier [7]
Im Mittelalter wurden die Pferde mit dem kräftigen Hals und der dichten Mähne im Krieg eingesetzt und waren später beliebte Paradepferde der Fürsten. Die spanischen Edelpferde werden bei Reinrassigkeit auch Pura Raza Española genannt.

Belgier [8]
Die außergewöhnlich großen und kräftigen Arbeitspferde gehören mit bis zu über einer Tonne Gewicht zu den schwersten Pferden der Welt. Belgische Kaltblüter sind sanfte Riesen und kommen als Füchse, Braun- oder Rotschimmel vor.

Haflinger [9]
Die Füchse mit dem hellen Langhaar kommen ursprünglich aus Südtirol und gehören zu den beliebtesten aller Pferdearten. Die selbstbewussten Bergponys sind sehr fleißig. Egal ob Western, Springen oder vor der Kutsche – Hafis sind wahre Alleskönner!

Bretone [10]
Die Heimat der fleißigen Pferde ist die französische Bretagne. Die robusten Tiere sind sehr gutmütig und oft fuchsfarben. Selbst für ein Kaltblut haben sie außerordentlich viel Kraft!

Maremmano [11]
Diese mutigen Italiener werden vor allem von den Hirten der Toskana und der italienischen Polizei geritten. Sie sind kräftig und eignen sich durch ihren Vollblutanteil auch gut als Sportpferde.

Große Reitervölker

Pferde spielten – und tun es teilweise noch immer – im Alltag von Reitervölkern eine große Rolle. Sie waren Fortbewegungsmittel, Arbeitstiere und wurden manchmal auch als Nahrungslieferanten genutzt. Oft richteten diese Völker ihr ganzes Leben und ihre Arbeit auf die Pferde aus. Sie waren untrennbar mit ihnen verbunden.

Mongolen
In der Mongolei lebt bis heute rund ein Drittel der Bevölkerung als Nomaden. Die Mongolischen Ponys sind schon immer ein wichtiger Teil ihres Lebens. Diese Tiere sind sehr ausdauernd und die Kinder des stolzen Reitervolkes lernen schon sehr früh auf ihnen das Reiten.

Ritter
Im Mittelalter hatten Pferde einiges zu tragen: Sie wurden von Rittern samt deren schweren Rüstung bei Kriegen über teilweise sehr lange Strecken geritten. Dafür brauchte es starke Pferde, die mit diesen Strapazen gut zurechtkamen. Die kräftigen Shire Horses und Friesen waren dafür besonders beliebt. Noch heute werden diese Rassen bei Ritterspielen eingesetzt – dabei wird allerdings nicht mehr wirklich, sondern nur zum Schein gekämpft.

→ Rekord
Bis zu 200 kg wog ein Ritter mit seiner Rüstung. Das war nur etwas für kräftige Pferde!

Berber
Der nordafrikanische Volksstamm nutzte seine gleichnamigen Pferde früher im Krieg. Daraus entstand eine inzwischen 2 000 Jahre alte Kriegstradition, die noch heute im Reiterspiel Fantasia in Marrakesch gezeigt wird. In Friedenszeiten konnte das Reitervolk der Berber so spielerisch seine Kräfte messen.

Angeberwissen

▶ Streng genommen bezeichnet der Begriff »Reitervolk« nur die Steppenvölker in Asien: die Mongolen.

▶ Die Mongolen hatten auf ihren ausdauernden und kräftigen Ponys im 13. Jahrhundert sogar Landesteile bis nach Europa erobert.

Indianer
Die Nez-Percé-Indianer waren einer der wenigen Indianerstämme, die gezielt Pferde züchteten: die Appaloosas mit ihren unverwechselbaren Punkten. Doch ursprünglich hatten Indianer gar keine Pferde. Erst als die Spanier Pferde von Europa nach Amerika brachten, wurden die Indianer zu einem Reitervolk.

Cowboys
Cowboys fangen heute noch Rinder oder Pferde ein und treiben diese über teils große Entfernungen. Für ihre gefährliche Arbeit, bei der sie oft wochenlang in freier Wildbahn unterwegs sind, sind besonders wendige und treue Pferde wichtig. Diese bezeichnet man als Westernpferde – daher kommt auch die Disziplin Westernreiten.

Kosaken
In Russland und der Ukraine schlossen sich seit dem 16. Jahrhundert Ausgestoßene der Gesellschaft zu Reitergemeinschaften, den Kosaken, zusammen. Über Umwege gelangten sie später sogar in die Dienste der damaligen Zaren. Zusammen mit ihren Donpferden waren sie maßgeblich an der Niederlage Napoleons Anfang des 19. Jahrhunderts beteiligt.

Verwandte der Pferde

Der erste Vorfahr der Pferdegattung entstand bereits vor Millionen von Jahren. Damals waren die Tiere jedoch noch wesentlich kleiner als die Pferde, die wir kennen. Über die Jahrmillionen hinweg wurden die Tiere immer größer. Pferde, Zebras und Esel stammen vom gleichen Vorfahr ab und sind daher Verwandte.

Sehen wir nicht schick aus mit den Streifen?

Maulesel
Der Maulesel ist die Kreuzung eines Pferdehengstes und einer Eselstute. Er zeigt äußerlich wenig Unterschiede zum gewöhnlichen Esel – nur die Stimme klingt etwas anders. Die sanftmütigen Maulesel haben die großen Ohren des Esels. Maulesel sind seltener als Maultiere und können sich in der Regel nicht fortpflanzen.

Zebra
Diese Verwandten der Pferde zeichnen sich durch ihr schwarz-weißes Fell aus. Jedes Fellmuster ist anders und daher so einzigartig wie ein Fingerabdruck! Zebras haben einen etwas stämmigen Körper und nur eine kurze, stehende Mähne. Im Vergleich zu Pferden haben sie einen kurzen Schweif mit weniger Haaren. Zebras leben im Süden der Sahara in Afrika, im Sudan und in den Bergregionen Südwestafrikas. Sie leben meistens in Herden, verhalten sich aber ganz anders als Pferde und sind kaum zähmbar.

Maultier
Die Eltern eines Maultiers sind ein Eselhengst und eine Pferdestute. Die Größe des Maultiers liegt zwischen Vater und Mutter. Durch seinen gestreckten Kopf, den Schweif und das Fell hat es mehr Ähnlichkeiten mit einem Pferd als mit einem Esel. Es hat allerdings die typischen langen Ohren des Esels und eine kurze Mähne. Maultiere sind gutmütig und können meist keine Nachkommen zeugen.

Wasserstelle

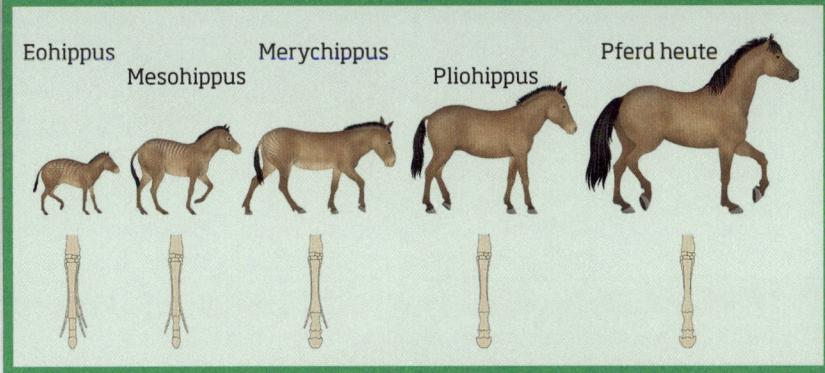

Im Laufe der Zeit entwickelten sich die Pferdeahnen immer weiter: Sie wurden größer, die Schädelform und vor allem die Füße veränderten sich. Anfangs noch vier Zehen, wurden es immer weniger, bis das Pferd seinen heutigen Huf hatte.

Eohippus
Das Eohippus ist der früheste heute bekannte Vorfahr des Pferdes. Der ausgestorbene Urahn aller Pferde existierte schon vor 50 Millionen Jahren! Er war nur etwa 45 Zentimeter groß und hatte einzelne Zehen anstatt einen Huf. Eohippus ernährte sich von Pflanzen und lebte in Gruppen.

Przewalski
Przewalski-Pferde mit ihrer Stehmähne und dem dunklen Aalstrich sind den Urpferden vom Typ her sehr ähnlich. Außerdem unterscheiden sie sich von unseren heutigen Pferden: Sie haben unter anderem einen Brustwirbel mehr! Seit 1969 gilt das Przewalski als ausgestorben. Heute leben durch Auswilderungen wieder mehrere Hundert Tiere in freier Wildbahn, die durch Züchtungen in Zoos entstanden sind.

Wir sind nicht stur, nur vorsichtig!

Angeberwissen

▶ Maultiere und Maulesel werden auch Mulis genannt.

▶ Mulis kommen in der Natur nicht vor. Die Menschen kreuzen Pferde und Esel miteinander, um die guten Eigenschaften beider Tiere zu haben. Mulis werden vor allem für das Militär und die Landwirtschaft gezüchtet.

Esel
Im Gegensatz zu Pferden haben Esel keinen Schweif aus langen Haaren, sondern nur einen kleinen Puschel. Sie sind etwas kleiner und haben größere Ohren sowie einen größeren Kopf. Esel haben eine stehende Mähne und sind meist graubraun gefärbt. In vielen Ländern werden sie auf dem Land oft als Lasttiere genutzt.

Fohlen

Manchmal deckt der Hengst einer Herde die Stuten ganz natürlich. In der Zucht möchte der Mensch seine Stute oft von einem ganz bestimmten Hengst decken lassen, der zum Beispiel besonders gut springen kann. Die Jungen von Pferden werden Fohlen genannt. Mit ihren langen Beinen sind sie unglaublich niedlich!

Tragzeit

Bei Pferden heißt die Schwangerschaft Tragzeit und dauert elf Monate. In den letzten Monaten sieht man besonders gut von vorne, dass die trächtige Stute nun kugelrund ist! Wenn sich der Bauch deutlich nach unten absenkt, dauert es nicht mehr lange, bis das Fohlen zur Welt kommt. Man kann dann sogar schon erste Tropfen Milch am Euter der Stute erkennen.

Geburt

Fohlen werden meist nachts geboren, wenn es für die Stute besonders ruhig ist. Die Stute legt sich zur Geburt hin und das Fohlen kommt mit den Vorderbeinen voran auf die Welt. Menschliche Hilfe ist dabei nur selten nötig. Das Fohlen ist zunächst von einer Eihülle umgeben, die die Stute dann ableckt. Dadurch kommt das Fohlen zum ersten Mal mit seiner Mutter in Kontakt und wird zugleich gesäubert.

Unglaublich!

Es gibt wohl kein anderes Tierkind, das schon so früh so schnell rennen kann wie ein Fohlen. Da Pferde Fluchttiere sind, muss das kleine Fohlen schnell auf die Beine kommen, um notfalls mit der Herde fliehen zu können.

Nach der Geburt

Nachdem sich das Fohlen und seine Mutter etwas ausgeruht haben, versucht es schon ein bis zwei Stunden nach der Geburt zu stehen. Wenn es das erste Mal Muttermilch trinkt, ist es zwar noch etwas wackelig – aber schon wenige Stunden später kann es im Trab und Galopp mit seiner Mutter und der Herde mithalten.

Lecker, frisches Gras!

Die Fohlenzeit
Ein Pferd gilt bis zum Alter von zwölf Monaten als Fohlen. In der Zucht wird es etwa sechs Monate von seiner Mutter gesäugt. In der Natur trinken Fohlen allerdingst oft noch länger Milch. Der Kontakt zu Artgenossen ist für Fohlen sehr wichtig. Auch wenn sie schon älter und nicht mehr auf ihre Mutter angewiesen sind, brauchen sie andere Pferde als Gesellschaft. Pferde sind Herdentiere!

Säugen
Spätestens zwei Stunden nach seiner Geburt trinkt das Fohlen zum ersten Mal. Diese erste Milch ist für das Fohlen besonders wichtig. Sie enthält lebenswichtige Stoffe und stärkt die Abwehrkräfte. Die Mutter stupst das Fohlen deshalb leicht an, um es zum Euter zu führen. Danach trinkt es fünf bis sechs Mal am Tag.

Grasen
Bereits im Alter von einigen Wochen fängt das Fohlen an, Gras zu fressen. Es trinkt nebenbei aber weiterhin Muttermilch. Nach zwei bis drei Monaten kann man dem Fohlen auch schon Kraftfutter dazugeben. Pferde lieben das Grasen auf der Weide. Gras ist das beste Futter für sie, das es gibt!

Ausgewachsen
Nach einem Jahr wird das Fohlen Jährling genannt, nach zwei Jahren Zweijähriger. Im Alter von fünf bis sechs Jahren gelten die meisten Pferde als ausgewachsen. Dann sind ihre Knochen stark genug für harte Arbeit. Manche Rassen werden aber auch schon im Alter von etwa drei Jahren angeritten.

Spielen
Für Fohlen ist es wichtig, mit anderen Fohlen zusammenzuleben, damit sie gemeinsam herumtoben und spielen können. Sie brauchen zur Erziehung aber auch Kontakt zu älteren Pferden. Von Menschen sollte das Fohlen zunächst nur gestreichelt werden. Wenn es sieht, dass die Mutter von Menschen versorgt wird, erkennt es jedoch schnell, dass es keine Angst vor ihnen haben muss.

Auf dem Reiterhof

Damit die Pferde sich wohlfühlen und Reitunterricht angeboten werden kann, muss ein Reiterhof gut ausgestattet sein. Pferde können im Stall oder auf der Weide gehalten werden – oft werden die beiden Haltungsarten auch kombiniert. Außerdem muss es Möglichkeiten zur Pflege und natürlich Plätze zum Reiten geben.

Stall
Pferde im Stall zu halten, ist sehr praktisch, vor allem bei schlechtem Wetter. In Innenboxen kann es allerdings schnell stickig werden. Deshalb sind Außenboxen schöner für Pferde – die Luft ist besser und sie können beim Hinaussehen so einiges entdecken! Die Boxen sind meist mit Stroh eingestreut.

Reithalle
Der Reitunterricht findet oft in einer Reithalle statt. Dort ist der Boden meist eine Mischung aus Sand und Holzschnitzeln und muss regelmäßig geglättet werden. Meist gibt es auch eine Art Tribüne, auf der Zuschauer Platz finden.

Weide
Auf der Weide finden Pferde es toll! Hier können sie sich viel bewegen und sind mit Artgenossen zusammen. Der Boden sollte möglichst eben und trocken sein. Wenn sie dort länger sind, brauchen sie eine Hütte oder Bäume, um sich vor Sonne und Regen schützen zu können. Wichtig ist außerdem ein sicherer Zaun als Begrenzung.

Sattelkammer
Es ist wichtig, dass das Sattelzeug sauber gehalten und in der Sattelkammer ordentlich aufgehängt wird. Das Zaumzeug sollte auf einem runden Halter aufgehängt werden, sodass es seine Form nicht verliert. Der Sattel wird am besten auf einem Sattelbock aufbewahrt.

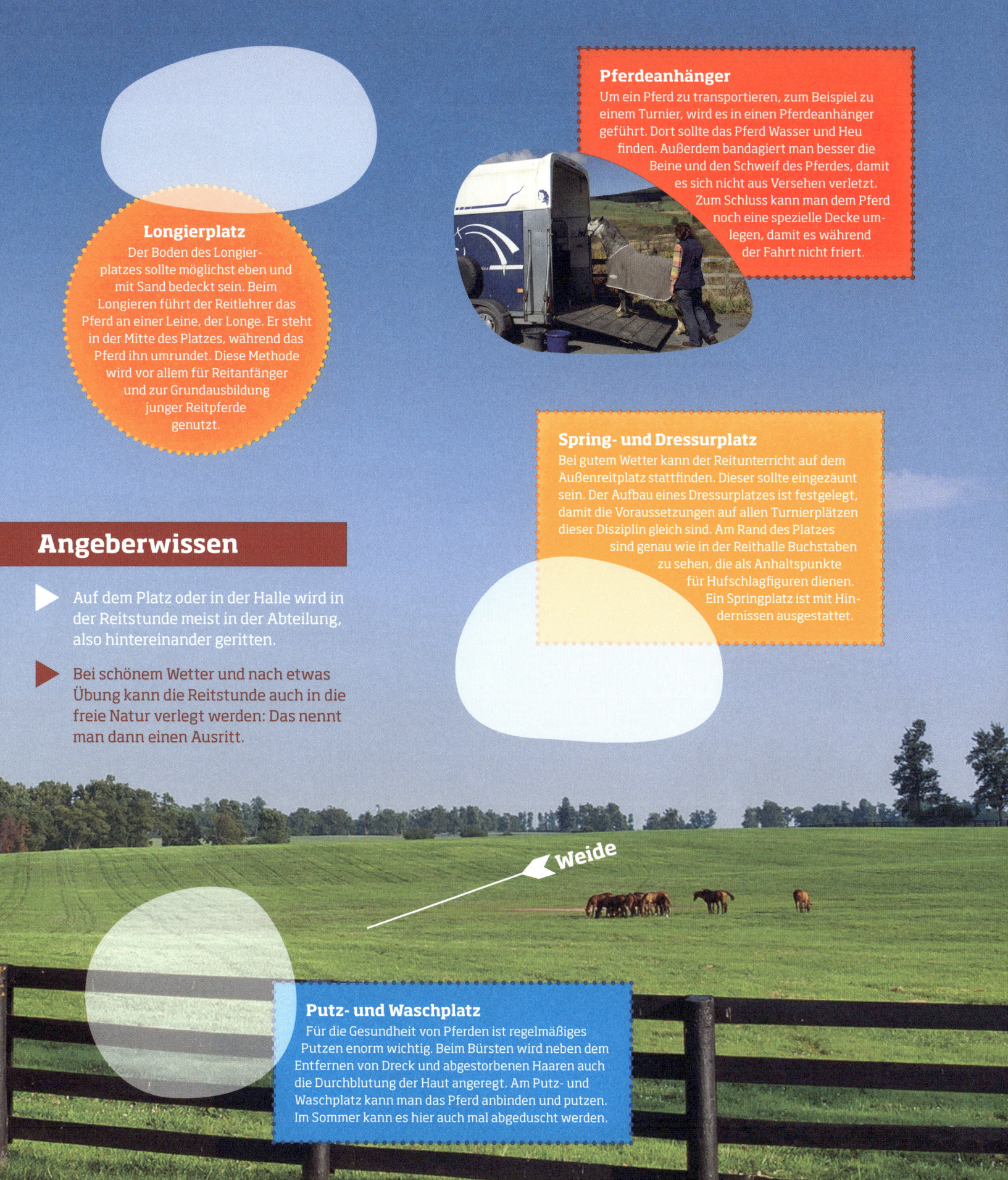

Pferdeanhänger
Um ein Pferd zu transportieren, zum Beispiel zu einem Turnier, wird es in einen Pferdeanhänger geführt. Dort sollte das Pferd Wasser und Heu finden. Außerdem bandagiert man besser die Beine und den Schweif des Pferdes, damit es sich nicht aus Versehen verletzt. Zum Schluss kann man dem Pferd noch eine spezielle Decke umlegen, damit es während der Fahrt nicht friert.

Longierplatz
Der Boden des Longierplatzes sollte möglichst eben und mit Sand bedeckt sein. Beim Longieren führt der Reitlehrer das Pferd an einer Leine, der Longe. Er steht in der Mitte des Platzes, während das Pferd ihn umrundet. Diese Methode wird vor allem für Reitanfänger und zur Grundausbildung junger Reitpferde genutzt.

Spring- und Dressurplatz
Bei gutem Wetter kann der Reitunterricht auf dem Außenreitplatz stattfinden. Dieser sollte eingezäunt sein. Der Aufbau eines Dressurplatzes ist festgelegt, damit die Voraussetzungen auf allen Turnierplätzen dieser Disziplin gleich sind. Am Rand des Platzes sind genau wie in der Reithalle Buchstaben zu sehen, die als Anhaltspunkte für Hufschlagfiguren dienen. Ein Springplatz ist mit Hindernissen ausgestattet.

Angeberwissen

▶ Auf dem Platz oder in der Halle wird in der Reitstunde meist in der Abteilung, also hintereinander geritten.

▶ Bei schönem Wetter und nach etwas Übung kann die Reitstunde auch in die freie Natur verlegt werden: Das nennt man dann einen Ausritt.

◀ Weide

Putz- und Waschplatz
Für die Gesundheit von Pferden ist regelmäßiges Putzen enorm wichtig. Beim Bürsten wird neben dem Entfernen von Dreck und abgestorbenen Haaren auch die Durchblutung der Haut angeregt. Am Putz- und Waschplatz kann man das Pferd anbinden und putzen. Im Sommer kann es hier auch mal abgeduscht werden.

Pflege rund ums Pferd

Pferdehaltung nimmt viel Zeit in Anspruch. Dazu gehört nicht nur das Putzen des Pferdes, sondern auch das Ausmisten des Stalls, die richtige Menge und Verteilung des Futters sowie das Pflegen von Sattel und Trense. Viele der Arbeiten auf dem Reiterhof sind für die Pferdegesundheit wichtig und müssen daher sorgfältig erledigt werden.

Putzen
Es gibt unterschiedliches Putzzeug für Pferde, unter anderem diese Wurzelbürste für die Beine. Bei warmen Temperaturen kann das Pferd auch mal abgeduscht werden. Das Fell muss regelmäßig von grobem Dreck befreit werden. Es muss aber nicht glänzen, da Fett und Staub eine natürliche Schutzschicht bilden.

Füttern
Pferde brauchen viel Nahrung! Weil sie einen kleinen Magen haben, muss ihr Futter in kleine Portionen aufgeteilt werden. Die Futtermenge sollte immer an die Arbeitsleistung angepasst sein. Und wie bei uns sollte das Pferd nach dem Essen eine kleine Verdauungspause haben – denn wer macht schon gerne Sport mit vollem Magen?

Ausmisten
Einmal am Tag müssen die Boxen gründlich ausgemistet werden: Pferdeäpfel und nasse Einstreu werden mit einer Mistgabel entfernt und landen anschließend auf dem Misthaufen. Bevor neue Einstreu in die Box kommt, muss der Stallboden noch gefegt werden.

Sattelzeug pflegen
Sattel und Trense sollten nach jeder Benutzung gereinigt werden. Für den Sattel gibt es eine spezielle Sattelseife, die das Leder pflegt. Dadurch hält das Sattelzeug länger und scheuert nicht. Ungereinigtes Sattelzeug kann zu Druckstellen und Wunden führen.

Tierarzt
Wenn dein Pferd etwa eine größere Wunde hat, lahmt oder auffällig schlapp ist, solltest du einen Tierarzt rufen. Oft hat dieser sich auf Pferde spezialisiert: Er untersucht sie gründlich und weiß genau, was zu tun ist. Aber auch gesunde Pferde müssen regelmäßig vom Tierarzt durchgecheckt und geimpft werden.

Hufpflege
Die Hufe sollten jeden Tag mindestens einmal, außerdem vor und nach jedem Ritt überprüft werden. Dreck und Steine, die dem Pferd große Schmerzen bereiten können, entfernt man mit einem Hufkratzer und eventuell etwas Wasser. Zusätzlich müssen die Hufe regelmäßig vom Hufschmied gekürzt werden, da sie wie unsere Nägel wachsen.

Gras und Heu
Die Hauptnahrungsquelle eines Pferdes sind Gras und Heu. Diese werden als Raufutter bezeichnet. Im Stall hängt Heu oft in Netzen, damit die Pferde gut herankommen, aber nicht hineintreten. Da sie Gras lieben, sollte man auf der Weide darauf achten, dass Pferde nicht zu viel fressen – sonst werden sie schnell dick.

Knackige Leckerbissen
Zu einem saftigen Apfel oder leckeren Möhren sagen Pferde nie Nein! Auch Rote Bete oder Bananen mögen sie. Hier reicht aber eine kleine Portion am Tag, da sie den Großteil ihres Energiebedarfs über Raufutter aufnehmen.

Frisches Wasser
Pferde brauchen etwa 30 bis 60 Liter Wasser am Tag – je nach Wetter und Bewegung. Falls sie nicht rund um die Uhr Zugang dazu haben, sollten sie auf jeden Fall vor der Fütterung Wasser bekommen. Direkt nach dem Fressen sollte man darauf verzichten, um Bauchschmerzen und Koliken zu vermeiden.

Kraftfutter
Die meisten Pferde benötigen kein zusätzliches Kraftfutter. Nur wenn sie viel leisten müssen, kann man ihnen geringe Mengen davon unter das restliche Futter mischen. Kraftfutter gibt es unter anderem als Müslifutter, Pellets, Kleie oder Getreideflocken.

Salzleckstein
Für Pferde ist Salz sehr wichtig. Ein Salzleckstein eignet sich deshalb besonders gut, da sie so selbst entscheiden können, wie viel Salz sie brauchen. Diesen kann man ganz einfach auf die Weide legen oder an einen Pfosten hängen, den die Tiere bequem erreichen können.

Gangarten

Pferde können sich in verschiedenen Gangarten bewegen. Die bekanntesten Gangarten, die von der Schrittabfolge auch viele andere Tiere beherrschen, sind Schritt, Trab und Galopp. Deshalb werden sie auch als Grundgangarten bezeichnet. Darüber hinaus beherrschen einige Pferde die besonderen Gangarten Tölt und Pass. Unterschieden werden die Gangarten hauptsächlich anhand ihrer Schrittabfolge sowie an ihrer Geschwindigkeit.

Trab
Beim Trab bewegt das Pferd seine Beine im Zweitakt: Das linke Vorder- und das rechte Hinterbein sowie das rechte Vorder- und das linke Hinterbein bewegen sich jeweils gleichzeitig. Der Trab ist besonders bei Kutschpferden beliebt – für den Reiter im Sattel dagegen kann es schnell anstrengend werden, weil er durch die Rückenbewegung des Pferdes im Sattel stark auf- und abhüpft.

Galopp
Gut festhalten: Von den drei Grundgangarten ist Galopp die schnellste. Obwohl es eine gesprungene Gangart ist und in der deutlich sichtbaren Schwebephase kein Huf den Boden berührt, sind es relativ weiche Sprünge, die man als Reiter gut abfedern kann.

Schritt
Der Schritt ist die langsamste Gangart, die Pferde gehen können. Er zeichnet sich durch eine Vorwärtsbewegung im Viertakt aus, das heißt, die Hufe werden nacheinander auf den Boden gesetzt. Dabei berühren immer mindestens zwei Hufe den Boden. Da es keine Schwebephase gibt, ist es für den Reiter sehr bequem.

Rennpass
Für den Rennpass benötigt ein Pferd viel Kraft. Daher hält es dieses Renntempo nur über kurze Strecken aus. Dabei können Geschwindigkeiten von etwa 50 Stundenkilometern erreicht werden! Diese Gangart im Zweitakt beherrscht nur eine einzige Pferderasse: die Isländer.

Tölt
Manche Pferde wie Isländer oder Paso Finos haben eine genetische Veranlagung zum Tölten – diese Pferde werden auch Gangpferde genannt. Die Schrittfolge ist die gleiche wie in der Grundgangart Schritt, nur schneller. Für viele Reiter ist Tölt die angenehmste Art zu reiten.